ALPHABET

RÉCRÉATIF ET MORAL

DES PETITS ENFANTS

ORNÉ DE GRAVURES

CHATILLON-SUR-SEINE
F. LEBEUF, IMPRIMEUR-LIBRAIRE.

ALPHABET

RÉCRÉATIF ET MORAL

DES PETITS ENFANTS

ORNÉ DE GRAVURES

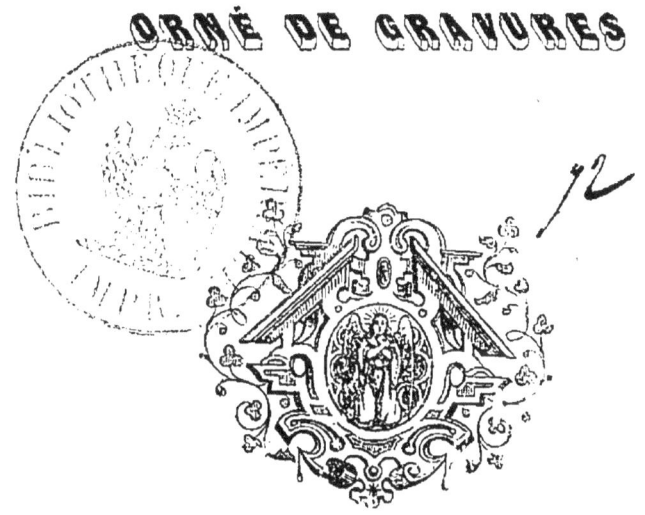

CHATILLON-SUR-SEINE

CHEZ F. LEBEUF, IMPRIMEUR-ÉDITEUR.

Propriété de l'Editeur,

LETTRES MAJUSCULES.

A B C

D E F

G H I J

K L M

— 4 —

N O P
Q R S
T U V
X Y Z
W OE

LETTRES MINUSCULES.

a b c d e

f g h i j

k l m n o

p q r s t

u v x y z

MINUSCULES ITALIQUES.

a b c d e

f g h i j

k l m n o

p q r s t

u v x y z

VOYELLES.

a e é è ê i

y o u

CONSONNES.

b c d f g h
j k l m n p
q r s t v x
z

1 2 3 4 5 6
7 8 9 0

ÉLEMENTS.

or   of   ol   ox
os   ob   od   oc   om
ar   at   ax   ab   as
ap   al   ad   ac   er
ef   el   ec   es   ed
et   ir   il   if   ig   is
ib   id   go   jo   lo
mo   no   to   ro   so
vo   bo   do   co   fo

xo zo po ur ul

um uc up ut uf

du fu gu lu ju

mu bu pu xu vu

zu tu su ru pe

ne me fe be de

le je re te se

ve ze xe fi mi

bi li ti ni si ri

pi zi xi di vi

ma ga fa ba la

ta na sa pa ra

da za va xa ka

me mè mé mê

re ré rè rê de

dé dè dê fé cé

ja ki py cy dy

ty ly sy.

EXERCICES.

Pè-re, ra-pa-ce, po-li, â-me, jo-li, ru-mi-né, pâ-te, bê-te, fi-lé, li-re, di-vi-sé, pa-ge, mè-re, ca-na-pé, in-fi-dè-le, co-pi-é, ma-ni-pu-lé, vi-dé, je-té, é-di-té,

é-mé-ri-te, co-lè-re,
su-cre, ca-fé, go-det,
co-lo-ri-é, sa-tu-ré,
pi-re, ju-gé, li-not,
fi-o-ri-tu-re, mé-ca-
ni-sé, mé-ri-te, or,
fu-tu-re, pâ-tu-re,
pu-re, pa-pil-lon,
ca-se, ru-de, ro-se,

dé-di-é, fu-mu-re,
pa-ro-le, mi-sè-re,
vo-lé, lu, mi-né,
a-mi, sa-ge, le-vé,
cu-ré, ly-re, lu-ne,
se-ra, ci-té, va-se,
fé-cu-le, ta-pe, vé-
ri-té, ju-ré.

CONSONNES RÉUNIES

ou composées.

cr dr vr fl pl

gl gr st fr tr pr

bl sp ps pn spl

sl sm sv mn ch

sc str gn (gne)

ill (lie).

EXERCICES.

tra dri vra fle
plu glo gro gra sta
fra cro pru pne ble
spi psa splen cha
sca stro gni sli pli
fla svo illon (lion)
illié (lié).

SONS ÉQUIVALENTS.

ço so ça sa
cu su gy ji ge je
f ph ce se cu qu
cr chr g gu.

EXERCICES.

çai çon gyp geai
çan ceau que cin
phi chro gue phos
geon quin.

MOTS.

Com-men-çai, li-ma-çon, gyp-se, man-geai, rem-pla-çant, pin-ceau, fa-bri-que, cin-gler, phi-lo-so-phe, pi-geon, gué-ri-don, chrô-me, sphè-re, bla-gue, spen-cer, phos-pho-re, ar-le-quin.

ÉLÉMENTS.

mar, mer, duc, bec, por, bal, pos, zur, ter, var, car, lir, der, gar, par, cal, mal, fer, ver, dor.

EXERCICES.

Mar-mi-te, mer-le, bé-cas-se, du-cal, por-te, a-ni-mal, pos-tu-re, a-zur, ter-re, var-ec, car-te, pâ-lir, pro-cu-rer, bal-la-de, gar-der, mu-si-cal, par-se-mer, fer-me, ver-re.

PHRASES.

Jé-rô-me ai-me la-bou-rer. Tu ri-ras. Tu li-ras. Tu per-ce-ras. Tu é-cri-ras. Mon che-val est bon. Il pâ-lit.

VOYELLES RÉUNIES
OU COMPOSÉES.

Ai ei eai ey
An en em am aon
Au eau eo
Eu œu
In im ain ein aim
Oi oie eoi oy
On eon om.

EXERCICES.

J'ai, geai, ba-lai,

plan, paon, é-tau, beau, feu, vœu, jar-din, main, daim, sein, loi, oie.

TI ou *CI*.

Na-ti-on, o-bli-ga-ti-on, na-vi-ga-ti-on, cré-a-ti-on, plan-ta-ti-on.

IEN ou *IIN*.

Fa-bri-ci-en, mé-ca-ni-ci-en, pa-ri-si-

en, ma-gi-ci-en, gar-
di-en, bi-en, ri-en.

Y ou *II.*

Ci-toy-en, roy-au-
me, ray-on, hoy-au,
cray-on, pay-sa-ge.

L mouillé.

Ca-ra-van-sé-rail,
pé-ril, gou-ver-nail,
tra-vail, so-leil, pa-
reil, œil, cer-feuil,
deuil, treuil, seuil.

ES ou ES, ER, EZ ou E.

Ai-mer, es-say-er, es-pé-rer, a-do-rer, es-sen-tiel, pre-nez, bu-vez, ins-pec-ter, man-gez, pleu-rez, es-ti-mer, pri-ez.

LA DÉSOBÉISSANCE.

Ne dé-so-bé-is-sez

2

ja-mais ni à Dieu ni à vos pa-rents.

La dé-so-bé-is-san-ce a é-té le pre-mier pé-ché de l'hom-me, et l'an-ge chas-sa A-dam du Pa-ra-dis ter-res-tre où Dieu l'a-vait pla-cé. Ce fut le com-

men-ce-ment de sou
mal-heur.

Les en-fants dé-so-bé-is-sants s'ex-po-sent à tou-tes sor-tes de pei-nes et aux châ-ti-ments de Dieu.

Ils trou-vent non-seu-le-ment leur pu-ni-tion sur la ter-re, mais en-co-re au ciel.

En-fants, soy-ez bien o-bé-is-sants, Dieu vous ai-me-ra bien et vos pa-rents aus-si.

LA RÉCOMPENSE.

Tra-vail-lez bien, mon en-fant, vous se-rez ré-com-pen-sé.

2.

Ce-lui qui ne tra-vail-le pas n'est pas di-gne de vi-vre ; c'est un ê-tre i-nu-ti-le.

E-tu-diez bien, ap-pre-nez bien vos le-çons, et si vo-tre pa-pa est con-tent de vous, il vous a-chè-te-ra un beau li-vre, a-vec de bel-les i-ma-ges, et vo-tre ma-man aura bien soin de vous. Ils vous ai-me-ront et vous em-bras-se-ront tous les deux.

Puis, si vous al-lez à l'é-co-le, vo-tre

maî-tre se-ra con-
tent et à la fin de
l'an-née, en pré-sen-
ce de vos pa-rents
et de vos a-mis ré-u-
nis, il di-ra que vous
a-vez tra-vail-lé a-
vec ar-deur et as-si-
dui-té, il dé-po-se-ra
u-ne cou-ron-ne sur

vo-tre tê-te et vous don-ne-ra un beau li-vre com-me dans la vi-gnet-te ci-des-sus.

Tra-vail-lez donc bien si vous vou-lez ê-tre ré-com-pen-sé, sa-tis-fai-re Dieu et vos pa-rents.

Tra-vail-lez si vous vou-lez de-ve-nir sa-vant et a-mas-ser de la for-tu-ne pour vous fai-re soi-gner dans vo-tre vi-eil-les-se.

———oo———

LA NOURRICE.

Voy-ez cet-te femme, c'est u-ne nourri-ce ; el-le tient un

en-fant sur ses bras;
il est bien pe-tit.
Vous a-vez é-té pe-
tit com-me lui.

Quand vo-tre ma-
man ne pou-vait
vous soi-gner el-le-
mê-me, c'é-tait vo-
tre nour-ri-ce qui la
rem-pla-çait.

Soy-ez donc bon en-vers vo-tre nour-ri-ce ; soy-ez do-ci-le et o-bé-is-sez-lui ; car el-le com-man-de d'a-près les or-dres de vo-tre ma-man.

Ne pleu-rez pas quand el-le vous em-pê-che de jouer a-vec le feu, a-vec les cou-teaux ; quand el-le vous em-mè-ne loin de l'eau, des che-vaux et des voi-tu-res.

Vous ne con-nais-sez pas le dan-ger au-quel vous vous ex-po-sez et el-le le con-naît.

CROQUEMITAINE.

Ne sor-tez ja-mais seul du vil-lage ; car

si vous al-li-ez dans les champs ou près des bois, vous y ren-con-tre-ri-ez le pè-re Cro-que-mi-tai-ne qui vous em-mè-ne-rait a-vec lui, et vous ne re-ver-ri-ez ja-mais ni vo-tre pa-pa ni vo-tre ma-man.

— 47 —

REPOS.

Si vous sa-vez bi-en vo-tre le-çon, vo-tre ma-man vous

con-dui-ra à la pro-me-na-de.

S'il fait chaud, el-le vous lais-se-ra cou-rir à l'om-bre des grands ar-bres ; s'il fait froid, el-le vous lais-se-ra jouer un peu dans vo-tre cham-bre.

El-le vous permet-tra peut-ê-tre aus-si de cou-rir dans les al-lées du jar-din ; mais à la con-di-ti-on de ne pas en-trer dans les car-rés, de ne pas fou-ler les lé-gu-mes et les fleurs, et de ne pas bri-ser les bran-ches des ar-bres.

A-près le tra-vail,
le re-pos.

Tra-vail-lez donc
si vous vou-lez vous
re-po-ser.

ches que vous a-per-ce-vez, dé-pas-sant les voi-les, sont les mâts. Ce sont des pins é-cor-cés.

Un vais-seau est des-ti-né à voy-a-ger sur mer, à trans-por-ter des mar-chan-di-ses. Il con-tient des ca-nons pour sa dé-fen-se, et des vi-vres pour plu-sieurs an-nées.

LE PETIT GARÇON.

Ce pe-tit gar-çon
a é-té bi-en gen-til;
son pa-pa et sa ma-

man le con-dui-sent à la pro-me-na-de.

Il leur de-man-de la per-mis-si-on de cueil-lir des fleurs et des fruits, pour rem-plir la pe-ti-te cor-beil-le qu'il tient dans sa main.

Ce pe-tit en-fant

ay-ant bi-en su sa le-çon, ses pa-rents s'em-pres-sent de lui ac-cor-der ce qu'il leur de-man-de ; mais ils lui dé-fen-dent de man-ger les fruits, par-ce qu'ils sont verts et le ren-draient ma-la-de.

On lui don-ne la per-mis-si-on de cueil-lir des fleurs et des fruits.

tout ce qu'el-les lui di-sent.

Vous a-vez sans dou-te le dé-sir de con-naî-tre com-ment el-les par-lent.

E-tu-di-ez a-vec soin, pour ap-pren-dre à li-re, et vo-tre pa-pa vous a-chè-te-ra le li-vre où est tout ce que les bêtes ont dit à La Fon-tai-ne.

LES FABLES.

Vo-tre ma-man
vous a dé-jà ré-ci-té
des fa-bles.
Ce-lui qui les a

fai-tes pour vous a-mu-ser, se nom-mait La Fon-tai-ne.

La vi-gnet-te, que vous voy-ez plus haut, vous le mon-tre par-lant aux bê-tes et les fai-sant par-ler.

Il trans-crit sur u-ne feuil-le de pa-pier

LE HÉRON.

Ce grand oi-seau que vous voy-ez est un Hé-ron.

Il tient un pe-tit ser-pent dans son bec.

Cet oi-seau a les jam-bes hau-tes et le bec très-long.

Il se nour-rit de pois-sons prin-ci-pa-le-ment.

Le Hé-ron est un oi-seau fort laid.

LE VAISSEAU.

Cet-te gran-de mas-
se que vous voy-ez

de-vant vous est un vais-seau.

Ce qui est au-des-sous c'est la mer ; ce qui est dans l'eau c'est la car-cas-se du na-vi-re, et tout ce qui est au-des-sus c'est la voi-lu-re.

Les gran-des per-

LE CERF.

Le Cerf est un a-ni-mal très-lé-ger et très-ra-pi-de à la cour-se.

Il ha-bi-te les bois.

Le Cerf por-te de lon-gues cor-nes sur la tê-te ; ces cor-nes tom-bent tous les ans, et el-les sont rem-pla-cées par d'au-tres.

Ces cor-nes s'ap-pel-lent bois.

Cet a-ni-mal est très-crain-tif.

L'ENFANT MALADE.

Cet en-fant que tient sa mè-re est ma-la-de. Il re-fu-se de pren-dre les mé-di-ca-ments né-ces-sai-res à sa gué-ri-son, et il mour-ra.

Ne fai-tes pas com-me lui, si vous de-ve-nez ma-la-de.

Sui-vez les con-seils de vo-tre mè-re et pre-nez tout ce qu'or-don-ne le mé-de-cin.

LE SECOURS.

Voy-ez ces deux sol-dats, l'un est mort, l'au-tre est de-

5.

bout qui pleu-re ; il est ve-nu pour le dé-fen-dre, mais il n'é-tait plus temps.

En-fants, se-cou-rez vos frè-res, vos ca-ma-ra-des, s'ils sont en dan-ger, ou ap-pe-lez leurs pa-rents ou leurs voi-sins.

LE CHIEN.

Le Chi-en est un a-ni-mal très-fi-dè-le et or-di-nai-re-ment fort doux.

Ce-pen-dant il en

est par-fois de mau-vais ; aus-si ne vous ap-pro-chez ja-mais d'un chi-en que vous ne con-nais-sez pas, de peur de vous ex-po-ser à ê-tre mor-du.

Il y a mê-me du dan-ger à le flat-ter, en lui ti-rant la queue ou les o-reil-les.

l'air mé-chant et me-na-çant. Ceux qu'el-le n'em-mè-ne pas el-le les frap-pe de son bâ-ton.

Cet-te mé-chan-te se ca-che dans les joncs, dans les her-bes, sous les pier-res ; puis quand les en-fants s'ap-prochent trop près de l'eau, el-le les ti-re de-dans et les noie.

LA MÈRE GAILLON.

N'al-lez ja-mais près de la ri-viè-re seul ; car il y a u-ne

vi-eil-le fem-me qui
ha-bi-te le fond des
eaux qui sor-ti-rait
pour vous pren-dre
et vous em-me-ner
a-vec el-le.

Cet-te fem-me est
la mè-re Gail-lon ;
el-le n'ai-me pas les
pe-tits en-fants. Voy-
ez com-me el-le a

LES VOITURES.

E-vi-tez les che-vaux et les voi-tu-res; quand ils pas-sent ne res-tez pas dans la rue, ou é-car-tez-vous dans un en-droit où ils ne puis-sent vous at-tein-dre.

— 73 —

LES BERGERS D'AUTREFOIS.

Les ber-gers n'ont pas tou-jours é-té les ser-vi-teurs des

5

pro - pri - é - tai - res ;
ja-dis c'é-tait les pro-pri - é - tai - res eux-mê - mes qui gar-daient leurs trou-peaux.

Ce-lui re-pré-sen-té dans la vi-gnet-te ci-des-sus en est un.

Il joue de la flû-te près de ses mou-tons.

— 75 —

L'IVROGNE.

L'in-tem-pé-ran-ce est un pé-ché que

Dieu pu-nit au ciel.

Voy-ez cet hom-me ; c'est un sal-tim-ban-que que deux a-gents de la po-li-ce con-dui-sent ; il a trop bu ; il s'est e-ni-vré ; puis, quand il n'a plus pos-sé-dé sa rai-son, il a dit des in-ju-res, et on le mè-ne en pri-son.

LE VOLCAN.

Un vol-can est u-
ne mon-ta-gne qui
lan-ce du feu, de la

fu-mée et des pier-res en fu-si-on.

Il n'y a plus de vol-cans en Fran-ce; mais il y en a eu.

Ce-lui qui est re-pré-sen-té dans la vi-gnet-te est le mont Vé-su-ve.

LE PRISONNIER.

Soy-ez tou-jours bien sa-ge. Ne vo-lez pas, ne di-tes d'in-ju-res à per-son-ne, soy-ez po-li et hon-nê-te en-vers tout le mon-de.

Cet hom-me pâle, triste et mai-gre que vous a-per-ce-vez, la chaî-ne au pied, est un pri-son-nier.

Il a dé-ro-bé ce qui ap-par-te-nait à au-trui, et il a été con-duit en pri-son.

Il se re-pent au-jour-d'hui, il ex-pie sa fau-te. Il prie Dieu de lui par-don-ner.

LE BATEAU A VAPEUR.

Ce que vous voy-ez là est un ba-teau à va-peur. C'est u-ne gran-de mai-son en bois, qui va sur l'eau et qui con-tient plus de cent per-son-nes.

5.

Il y a de gran-des roues qui tour-nent dans l'eau.

Ce qui est au mi-lieu est u-ne gran-de che-mi-née ; la fu-mée en sort é-pais-se et noi-re.

Quand vous se-rez grand, si vous al-lez sur mer, vous pour-rez voy-a-ger dans ces gran-des mai-sons flot-tan-tes.

L'ENFANT DÉSOBÉISSANT.

Voy-ez-vous ce pe-tit gar-çon ?

Il por-te son doigt à sa bou-che, par-ce qu'il vient de se bles-ser.

Sa ma-man lui a-vait dé-fen-du de jou-er dans le buis-son, il a dé-so-bé-i, et il en a é-té pu-ni ; il s'est plan-té u-ne é-pi-ne dans le doigt.

Il lui a-vait é-té dé-fen-du de tou-cher aux ar-bres, et il a bri-sé une bran-che de pê-cher.

En ren-trant à la mai-son, où l'ap-pel-le' son pa-pa, on lui ar-ra-che-ra l'é-pi-ne qu'il a au doigt, ce qui le fe-ra souf-frir ; puis on le fou-et-te-ra pour sa dé-so-bé-is-san-ce.

CHEMINS DE FER.

Les che-mins de fer n'ont pas tou-jours e-xis-té ; il n'y a pas long-temps qu'on voy-a-ge sur ces nou-vel-les rou-tes.

Il y a bien long-temps les hommes voy-a-geaient tou-jours à pied, à tra-vers les champs ; car il n'y a-vait ni rou-tes ni che-mins ; puis ils se sont fait trans-por-ter par les che-vaux et les mu-lets, puis par les voi-tu-res.

La vi-gnet-te que vous voy-ez vous fi-gu-re un che-min de fer pas-sant sur l'eau ; ce que vous voy-ez à droi-te est la ma-chi-ne à va-peur, puis vien-nent les va-gons ou voi-tu-res.

LES PETITS VOLEURS.

Ces trois en-fants ont vo-lé des pom-mes dans le jar-din de M. le Mai-re.

La ser-van-te, s'en é-tant a-per-çue, vou-lut sa-voir quels é-taient les vo-leurs, et el-le se ca-cha der-ri-è-re un ar-bre pour les guet-ter. El-le dé-cou-vrit ces trois pe-tits po-lis-sons ; a-lors el-le vou-lut les gron-der ; mais ils l'in-sul-tè-rent, lui je-tè-rent des pier-res et s'en-fui-rent.

Ils sont a-me-nés de-vant le tri-bu-nal à cau-se de leur mé-chan-ce-té et de leurs vols, et ils vont al-ler pen-dant huit jours en pri-son.

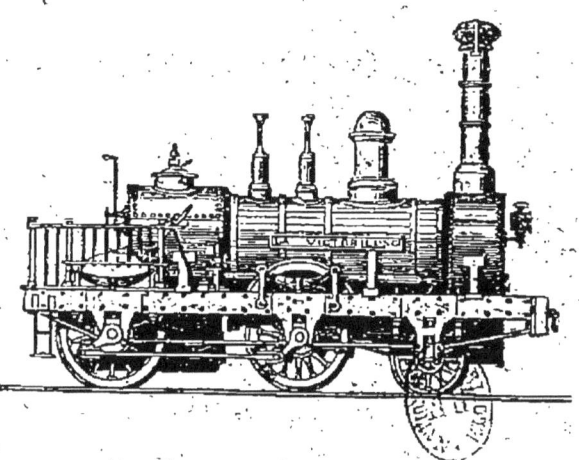

LA MACHINE A VAPEUR.

Vous a-vez vu, en li-sant ce que je vous ai dit des che-mins de fer, qu'il y a-vait u-ne ma-chi-ne à va-peur en a-vant des voi-tu-res. C'est cet-te ma-chi-ne que vous voy-ez ; c'est ce qu'on ap-pel-le u-ne ma-chi-ne à va-peur ; c'est el-le qui fait mar-cher tou-tes les voi-tu-res et qui rem-pla-ce les che-vaux.

El-le con-tient de l'eau qu'on fait bouil-lir a-vec du char-bon de ter-re, et, quand l'eau est bouil-lan-te, la ma-chi-ne tour-ne seu-le et fait mar-cher tou-tes les voi-tu-res.

LE VIEILLARD.

Ay-ez du res-pect pour Dieu, les cho-ses sain-tes et les vieil-lards.

Les vieil-lards, quels qu'ils soient, sont res-pec-ta-bles.

Les en-fants trou-vent les vieil-lards grondeurs, en-nuy-eux, par-ce qu'ils ne sa-vent pas les com-pren-dre.

E-cou-tez les vieil-lards ; sui-vez leurs con-seils, ils vous trom-pe-ront ra-re-ment.

C'est pour vous ap-pren-dre à bien fai-re, à ê-tre sa-ge que les vieil-lards vous gron-dent si sou-vent.

LE CHASSEUR.

L'hom-me que vous a-per-ce-vez est un chas-seur qui se re-po-se.

Il tient un fu-sil à l a main ; et son chi-en est à cô-té de lui.

Ne tou-chez ja-mais aux fu-sils, ni à au-cu-ne ar-me à feu, vous cour-ri-ez le dan-ger de vous tu-er.

Il faut é-vi-ter de tou-cher à tout ce qui peut fai-re du mal.

Les fu-sils tuent, les cou-teaux cou-pent, les poin-çons per-cent, les mar-teaux bles-sent, le feu brû-le.

LA MÈRE.

En-fant, vous de-vez ai-mer Dieu et vo-tre mè-re par des-sus tou-tes cho-ses.

Si Dieu s'est char-gé de fai-re vo-tre bon-heur au ciel, vo-tre mè-re fe-ra vos dé-li-ces sur la ter-re.

Vo-tre mè-re est bon-ne, dou-ce ; o-bé-is-sez-lui donc bien et ne lui fai-tes pas de pei-ne ; ai-mez-la com-me el-le vous ai-me el-le-mê-me.

Voy-ez la fem-me de cet-te vi-gnet-te; el-le ai-me bien son en-fant; el-le le pres-se con-tre son sein ; el-le est heu-reu-se. Son fils pa-raît aus-si très-con-tent, il lui pas-se ses pe-tits bras au-tour du cou, et cher-che un re-fu-ge près d'el-le; ils sont heu-reux tous les deux, car ils s'ai-ment.

LA MACHINE A BATTRE.

Voi-là la ma-chi-ne a-vec la-quel-le on bat le grain qui sert à fai-re le pain.

Vous voy-ez les che-vaux qui tour-nent la roue, l'hom-me qui don-ne le blé à la ma-chi-ne et ce-lui qui lie la pail-le, a-près le bat-ta-ge.

On sè-me un grain de blé; quand il a pous-sé et qu'il est mûr, on le cou-pe, on bat les é-pis, on broie le grain en-tre deux meu-les au mou-lin et on a de la fa-ri-ne.

On pé-trit cet-te fa-ri-ne avec de l'eau, ce qui fait de la pâ-te ; on la fait cui-re au four et on a le pain que vous man-gez tous les jours.

L'INVALIDE.

Il faut é-tu-di-er non-seu-le-ment pour de-ve-nir sa-vant, mais en-co-re par-ce que c'est quel-que-fois un moy-en de dis-trac-tion.

Vous voy-ez, dans la vi-gnet-te ci-des-sus, un vieux sol-dat qui a per-du ses deux bras à la guer-re. Il ne peut rien fai-re, puis-qu'il est in-ca-pa-ble de rien te-nir, de rien tou-cher. Eh bien ! il lit ; ce-la le dé-sen-nuie.

U-ne per-son-ne lui tient ou-vert le li-vre et lui le par-court des yeux ; sans ce-la, il s'en-nuie-rait beau-coup, et la vie lui de-vien-drait in-sup-por-ta-ble.

Ap-pre-nez donc vi-te à li-re, si vous vou-lez ê-tre sa-vant et ne pas vous en-nuy-er.

LE MOUTON.

L'a-ni-mal que vous voy-ez est un mou-ton.

C'est u-ne bê-te fort dou-ce qui

ne fait pas de mal aux pe-tits en-fants.

Les bé-liers seuls qui ont des cor-nes sont par-fois très-mé-chants; il faut donc ne pas les ap-pro-cher, quand on vous a dé-fen-du de le fai-re.

C'est a-vec la lai-ne des mou-tons qu'on fait les beaux ha-bits. Le châ-le de vo-tre ma-man est en lai-ne, le pan-ta-lon de vo-tre pa-pa aus-si.

Le mou-ton man-ge de l'her-be ver-te, et du foin qui est de l'her-be sé-chée.

L'ÉCRIVAIN PUBLIC.

Il est u-ti-le de bien ap-pren-dre ses le-çons.

Ce-lui qui ne sait rien ne peut ni li-re ni é-cri-re ; et ce-la lui cau-se mil-le sou-cis, mil-le en-nuis et embar-ras à cha-que mo-ment de la vie.

S'il est bien loin de ses pa-rents, il ne peut leur di-re ce qu'il fait ni les in-ter-ro-ger sur leur po-si-ti-on. Il est ain-si pri-vé de nou-vel-les qui lui fe-raient bi-en plai-sir s'il les ai-me, et il doit les ai-mer.

S'il a des af-fai-res, il est o-bli-gé ou de se dé-pla-cer ou de se rap-por-ter à au-trui pour les fai-re.

S'il char-ge quel-qu'un d'é-cri-re pour lui, il ne pos-sè-de plus le se-cret de sa pen-sée ; il faut qu'il la con-fie à u-ne per-son-ne qui peut en a-bu-ser.

LE MALADE.

Voy-ez cet hom-me qui est as-sis dans un fau-teuil ; il est ma-la-de. C'est son en-fant qui en est cau-se. Il n'a pas é-té o-bé-is-sant ; on lui a-vait dé-fen-du d'ap-pro-cher de l'eau, mais il n'a pas vou-lu suivre les con-seils qu'on lui don-nait, et il y est tom-bé.

Son pa-pa, mal-gré le froid, s'est je-té à la ri-viè-re pour le sau-ver, mais il n'a pu le re-ti-rer as-sez tôt, et son pe-tit en-fant a é-té noy-é.

Lui a eu froid, et il est tom-bé ma-la-de ; le cha-grin d'a-voir per-du son fils lui a fait tant de mal qu'il ne re-cou-vre-ra ja-mais com-plè-te-ment la san-té.

Ne ren-dez pas vo-tre pa-pa ma-la-de ; ne fai-tes pas com-me le pe-tit Lé-on, qui est mort.

— 107 —

LA PARADE.

Soy-ez bien sa-ge, ap-pre-nez bien vo-tre le-çon, et si vous la sa-vez bien, vo-tre pa-pa et vo-tre ma-man vous mè-ne-ront voir la pa-ra-de, quand il vien-dra des co-mé-di-ens.

Sa-vez-vous ce que c'est que la pa-ra-de ? Non, eh bien ! je vais vous le di-re. C'est le va-car-me que font les co-mé-di-ens, à la por-te de de leur ten-te, pour at-ti-rer les cu-ri-eux.

Voy-ez la vi-gnet-te, el-le vous in-di-que as-sez quel ta-pa-ge ils font ; hur-le-ments, mu-si-que in-fer-na-le, gros-se cais-se, etc., ri-en n'y man-que.

Né-an-moins ce-la plaît, ce-la a-mu-se, les en-fants sur-tout.

Imprimerie de F. LEBEUF, à Châtillon-sur-Seine.

www.ingramcontent.com/pod-product-compliance
Lightning Source LLC
Chambersburg PA
CBHW070532100426
42743CB00010B/2058